Copyright © 2023

GoodHearted Books Inc. (info@goodheartedbooks.com)

ISBN: 978-1-988779-64-5

Dépôt légal : bibliothèque et archives nationales du Québec, 2023.
Dépôt légal : bibliothèque et archives Canada, 2023.

Autor : Bachar Karroum
Grafikdesign : Samuel Gabriel
Einbanddesign : Creative Hands
Deutsche Übersetzung   : Michael Müller

IM NAMEN ALLAHS

Dieses praktische Buch für Sie und Ihre Kleinen zu verwirklichen war eine inspirierende Reise für uns. Wir sind dankbar dafür, dass wir auf unserer Buchreihe aufbauen können, um Kindern das Wesen des Islam näherzubringen. Dieses Werk wurde speziell dafür geschaffen, die wichtigsten Persönlichkeitseigenschaften des Propheten Mohammed (FSAI), dem edelsten Menschen aller Zeiten, zu beleuchten.

Wir hoffen, dass Sie und Ihre Familienmitglieder Freude an dieser Lernerfahrung haben werden und sie Ihren Kindern helfen wird, die beste Version ihrer selbst zu werden, während sie die schönen Werte unserer geliebten Religion verbreiten.

GLOSSAR

- Abu Bakr (RA)   : Der erste Kalif des Islam
- Allah   : Das arabische Wort für Gott
- Akhira   : Das Leben nach dem Tod
- Dunya   : Das Leben auf der Erde
- Hudaibiya   : Eine Stadt in der Nähe von Mekka in Saudi-Arabien
- Kaaba   : Das würfelförmige Bauwerk in der al-Haram-Moschee in Mekka
- Mekka   : Das geistige Zentrum des Islam
- Medina   : Die zweitheiligste Stadt des Islam
- FSAI   : Friede sei auf ihm
- Quraisch   : Ein arabischer Stamm, der vor dem Aufkommen des Islams in Mekka lebte
- RA (Radiallahu anhum) : Allahs Wohlgefallen auf ihm
- Siwak   : Eine natürliche Zahnbürste, die aus den Zweigen verschiedener Bäume hergestellt wird
- Ta'if   : Eine Stadt in der Region Mekka in Saudi-Arabien
- Umar (RA)   : Der zweite Kalif des Islam
- Wudhu   : Waschung

1

VERANTWORTUNGSVOLL

Verantwortungsvoll zu sein bedeutet, dass du für deine Handlungen geradestehst und sie auf Nachfrage rechtfertigen kannst.

VOM PROPHETEN MOHAMMED (FSAI) GELEBTE ERFAHRUNG

Der Prophet Mohammed (FSAI) hatte einen ausgeprägten Sinn für Verantwortungsbewusstsein. Er hielt sich selbst dafür verantwortlich, die Botschaft des Islam auf die bestmögliche Weise zu verbreiten. In seiner letzten Predigt betete er: „Oh Allah! Sei Zeuge (dass ich Deine Botschaft überbracht habe)."[1] Er war auch sehr besorgt über weltliche Angelegenheiten und darüber, dass wir alle dafür verantwortlich sind, unseren Planeten zu schützen. So erinnerte er uns beispielsweise an unsere Verantwortung für den Umweltschutz. Er lehrte uns, kein Wasser oder Essen zu verschwenden,[2] und ermutigte uns, unser Land sauber zu halten und mehr Bäume zu pflanzen.[3]

ICH KANN VON UNSEREM PROPHETEN LERNEN (FSAI)

Wenn du persönlich für eine Rolle verantwortlich bist, bedeutet das, dass du Verantwortung für deine Entscheidungen oder Handlungen übernimmst. Du bist zum Beispiel dafür verantwortlich, dass du deine Hausaufgaben machst oder jeden Morgen dein Zimmer aufräumst; du bist also dafür verantwortlich, deine Aufgaben zu erledigen. Verantwortungsvoll zu sein bedeutet, dass du dir keine Ausreden ausdenkst, wenn du deine Aufgaben nicht erfüllst. Wir sollten immer unser Bestes geben, um unsere Pflichten zu erfüllen. Das wird uns lehren, unsere Verpflichtungen einzuhalten, so wie es auch unser Prophet (FSAI) getan hat.

2

MUTIG

Mutig zu sein bedeutet,
im Angesicht von Gefahr
oder Schwierigkeiten keine
Angst zu zeigen.

VOM PROPHETEN MOHAMMED (FSAI) GELEBTE ERFAHRUNG

Der Prophet Mohammed (FSAI) fürchtete niemanden außer Allah. Als er begann, die Menschen über den Islam zu belehren, bedrohten ihn die Quraisch und versuchten, ihn zu verletzen. Aber er war mutig genug, seine Mission fortzusetzen und den Islam zu verbreiten. Einmal schlief er unter einem Baum; als er aufwachte, fand er einen Mann vor, der sein blankes Schwert in der Hand hielt und fragte: „Wer wird dich vor mir retten?" Der Prophet Mohammed (FSAI) hatte keine Angst und sagte voller Vertrauen dreimal „Allah". Der Prophet Mohammed (FSAI) bestrafte ihn nicht, sondern setzte sich zu ihm.[4]

ICH KANN VON UNSEREM PROPHETEN LERNEN (FSAI)

Mut ist eine wesentliche Eigenschaft, die im Islam gelehrt wird. Wenn du mutig bist, kannst du dich mit Schwierigkeiten und Ängsten auseinandersetzen und zum Beispiel in der Schule Fragen stellen oder vor vielen Menschen sprechen. Es ist ebenfalls mutig, aufzustehen und dir zu erlauben, schwierige Gefühle zu empfinden, ohne dich von ihnen besiegen zu lassen. Das stärkt deine Persönlichkeit und hilft dir, dich in der Schule und im Alltag zu verbessern. Tu die Dinge, die dir Angst machen, denn das wird dir helfen, voranzukommen und in jeder Situation stark zu sein.

3

RUHIG

Ruhig zu sein bedeutet
friedlich, still und
sorgenfrei zu sein.

VOM PROPHETEN MOHAMMED (FSAI) GELEBTE ERFAHRUNG

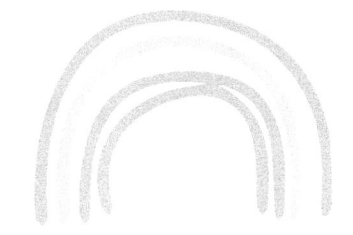

Der Prophet Mohammed (FSAI) hatte eine sehr ruhige Persönlichkeit. Es dauerte sehr lange, bis er wütend wurde. Einmal kam ein Mann zu ihm, zerrte schroff an seinem Gewand und bat um eine der Gaben, die Allah ihm gegeben hatte. Der Prophet Mohammed (FSAI) lächelte und wies seine Gefährten an, ihm ein Geschenk zu geben.[5] Er blieb auch in Momenten der Angst ruhig, wie zum Beispiel, als er sich mit Abu Bakr (RA) in der Höhle versteckte. Vor der Höhle waren viele Feinde, doch er blieb ruhig und sagte: „Oh Abu Bakr, sei ruhig! (Denn wir sind) zwei und Allah ist der Dritte von uns."[6]

ICH KANN VON UNSEREM PROPHETEN LERNEN (FSAI)

Wie der Prophet Mohammed (FSAI) kannst auch du versuchen, immer ruhig zu bleiben, wenn du mit einer schwierigen oder fordernden Situation konfrontiert wirst. Wenn dein Geschwisterkind oder dein Freund dich ärgert, hilft es, ruhig zu bleiben und Wut zu vermeiden, um Streit aus dem Weg zu gehen und deine Geduld und Persönlichkeit zu stärken. Wenn du in einer schwierigen Situation ruhig bleibst, ermutigst du auch andere, dir zuzuhören und deinem Standpunkt Beachtung zu schenken. Ruhe und Gelassenheit fördern das Einfühlungsvermögen und helfen, eine bessere und friedlichere Welt zu schaffen.

4

FÜRSORGLICH

Eine fürsorgliche Person ist nett und gibt anderen emotionale Unterstützung.

VOM PROPHETEN MOHAMMED (FSAI) GELEBTE ERFAHRUNG

Der Prophet Mohammed (FSAI) sorgte sich sehr um all seine Gefährten. Er erkundigte sich nach jemandem, wenn er ihn drei Tage lang nicht gesehen hatte. Einmal weinte ein Kind, während er das Gebet führte. Er verkürzte sein Gebet, damit die Mutter des Kindes durch das Weinen nicht beunruhigt wurde.[7] Weil er seine Mitmenschen fürsorglich behandelte, wies er seine Gefährten an, anderen Menschen die Dinge zu erleichtern.[8] Er sorgte sich sogar um das Wohlbefinden seiner Gefangenen und verlangte, dass sie mit ihren Familien zusammenblieben.[9]

ICH KANN VON UNSEREM PROPHETEN LERNEN (FSAI)

Die Fürsorge für andere beginnt im eigenen Zuhause. Wenn du zum Beispiel deine Eltern unterstützt, indem du ihnen bei verschiedenen Aufgaben im Haus hilfst, zeigt das, dass du dich um sie kümmerst und fürsorglich bist. Wenn du für deine Freunde da bist, wenn sie traurig sind, oder wenn du deinem Geschwisterkind zuhörst, wenn es sich nach der Schule freut, bedeutet das, dass du ein fürsorglicher Mensch bist. Wenn wir andere fürsorglich behandeln, genau wie unser Prophet (FSAI), tragen wir dazu bei, Liebe und Barmherzigkeit in unserer Gesellschaft zu verbreiten.

5

EBENBÜRTIG

Ebenbürtig zu sein bedeutet, alle Menschen gleichzubehandeln, unabhängig von ihrem Geschlecht, ihrem sozialen Rang oder von ihren Umständen.

Wir sind alle gleich

VOM PROPHETEN MOHAMMED (FSAI) GELEBTE ERFAHRUNG

Am Anfang waren die meisten Anhänger des Propheten Mohammed (FSAI) schwach und arm. Die Reichen sagten, sie würden ihm folgen, wenn er diese schwachen Menschen im Stich lassen würde, aber er (FSAI) weigerte sich, die Schwachen im Stich zu lassen. Er glaubte fest daran, dass alle Menschen ebenbürtig seien. In seiner letzten Predigt

sagte er, dass kein Weißer besser sei als ein Schwarzer und kein Araber besser als ein Nicht-Araber und es nur jene gebe, die bessere Muslime seien.[10] Er bewies, dass er alle gleichbehandelte, indem er einen ehemals versklavten Schwarzen namens Bilal zum Gebetsrufer ernannte.[11]

ICH KANN VON UNSEREM PROPHETEN LERNEN (FSAI)

Genau wie der Prophet Mohammed (FSAI) solltest du alle Menschen gleichbehandeln. Wenn du in der Schule einen Freund kennenlernst, der anders ist als du, solltest du sie oder ihn wie jeden anderen auch behandeln. Egal, ob deine Klassenkameraden krank oder behindert sind, einen anderen Hintergrund oder ein anderes Aussehen, eine andere Religion oder Kultur haben, solltest du sie alle mit Freundlichkeit und Respekt behandeln. Jeder Mensch verdient es, gleich gut behandelt zu werden. Jedem auf Augenhöhe zu begegnen, trägt zu mehr Gerechtigkeit in der Gesellschaft bei.

6

VERSÖHNLICH

Eine versöhnliche Person kann anderen vergeben. Sie begnadigt andere für ihre Taten oder Fehler.

VOM PROPHETEN MOHAMMED (FSAI) GELEBTE ERFAHRUNG

Während der Prophet Mohammed (FSAI) den Islam predigte, wurde er von Ungläubigen auf vielfältige Weise misshandelt. Sie taten ihm und seinen Anhängern weh. Er hegte jedoch nie einen Groll gegen sie. Als er Mekka eroberte, fürchteten die Ungläubigen, dass der Prophet Mohammed (FSAI) nun die Möglichkeit hätte, sich zu rächen. Aber er vergab allen und erlaubte allen, in Frieden und Sicherheit in Mekka zu bleiben.[12] Er riet auch seinen Anhängern, anderen zu vergeben, damit ihnen im Gegenzug Allah vergeben kann.

ICH KANN VON UNSEREM PROPHETEN LERNEN (FSAI)

Versöhnlich zu sein ist eine der besten Eigenschaften, die du vom Propheten Mohammed (FSAI) lernen kannst. Wenn deine Geschwister oder Freunde deine Gefühle verletzt haben, versuche, mit ihnen zu sprechen und ihnen zuzuhören, um die Gründe für ihre Handlungen oder ihr Verhalten zu verstehen. Das wird es leichter machen, ihnen zu vergeben. Wenn du jemandem vergibst, entfernst du alle negativen Gefühle aus deinem Herzen. Allah liebt diejenigen, die anderen vergeben.

GROßZÜGIG

Großzügig zu sein bedeutet, dass du gewillt bist, mehr Geld, Hilfe oder Freundlichkeit zu geben, als von dir erwartet wird.

VOM PROPHETEN MOHAMMED (FSAI) GELEBTE ERFAHRUNG

Der Prophet Mohammed (FSAI) sagte niemals Nein zu jemandem, der ihn um etwas bat, selbst wenn er dadurch nichts mehr für sich selbst übrig hatte. Einmal erhielt er von einer Frau einen Mantel. Dieser gefiel jedoch einem Mann, welcher unseren Propheten (FSAI) deshalb bat, ihn ihm zu geben. Der Prophet (FSAI) verschenkte den Mantel, obwohl er ihn eigentlich selbst brauchte[13].

Bei einer anderen Gelegenheit gab der Prophet Mohammed (FSAI) einem Mann eine große Schafherde, als dieser um eine bat. Dieser Mann ging dann zu seinen Leuten und riet ihnen, den Islam anzunehmen. Er sagte, dass der Prophet Mohammed (FSAI) ein Mann sei, der keine Angst vor Armut habe.[14]

ICH KANN VON UNSEREM PROPHETEN LERNEN (FSAI)

Du kannst großzügig wie unser Prophet Mohammed (FSAI) sein, indem du einige deiner Lieblingsspielzeuge oder Kleidung an Bedürftige verschenkst. Du kannst auch mit deiner Zeit großzügig sein, indem du einem Geschwisterkind oder einem Freund bei etwas hilfst, das er oder sie tun oder verstehen will. Großzügigkeit wird unseren Glauben und unsere Liebe zu Allah stärken. Sie hilft, das Gute in unserer Welt zu verbreiten.

GOTTESFÜRCHTIG

Gottesfürchtig ist jemand,
der sich Allah unterwirft und
seiner Führung folgt.

VOM PROPHETEN MOHAMMED (FSAI) GELEBTE ERFAHRUNG

Der Prophet Mohammed (FSAI) sagte, er sei der Gottesfürchtigste unter den Menschen.[15] Allah hatte ihn bereits begnadigt und ihm die Nachricht vom Paradies überbracht. Dennoch bat er mehr als siebzigmal am Tag um Allahs Vergebung.[16] Jede seiner Handlungen entsprach den Geboten Allahs. Er weinte, weil er fürchtete, dass seine ungehorsamen Leute in die Hölle kommen könnten und Allah zornig auf sie sein würde. Diese Angst motivierte ihn, seine Mission fortzusetzen und Allahs Worte an alle zu verbreiten.

ICH KANN VON UNSEREM PROPHETEN LERNEN (FSAI)

Allah zu fürchten, indem wir uns Ihm unterwerfen und Seiner Führung folgen, so wie es unser Prophet (FSAI) tat, hilft uns, bessere und stärkere Menschen zu werden. Gottesfürchtig zu sein bedeutet, dass wir Gott täglich in unseren Gedanken tragen. Das hilft uns, schlechte Taten zu vermeiden und ermutigt uns, durch das Verbreiten von Liebe und Frieden Gutes in dieser Welt zu tun. Wenn du in der Schule vor einer schwierigen Situation stehst, kannst du an Ihn denken, dich an Seine Liebe und Seine Worte erinnern, um daraufhin eine gute Entscheidung zu treffen.

REDEGEWANDT

Eine redegewandte Person kann eine Rede halten, die andere inspiriert.

VOM PROPHETEN MOHAMMED (FSAI) GELEBTE ERFAHRUNG

Der Prophet Mohammed (FSAI) redete langsam und deutlich, damit alle jedes seiner Worte verstehen konnten. Er wiederholte wichtige Dinge dreimal,[17] um sicherzustellen, dass niemand sie verpasste. Seine Worte nahmen Herzen und Seelen ein. Selbst seine Feinde mussten diese Eigenschaft anerkennen. Er nutzte Handgesten, Lächeln und Augenkontakt, um sich mit seinen

Zuhörern zu verbinden. Er bezog sie ein, indem er Fragen stellte, nachhakte oder scherzte. Er beriet die Menschen unter vier Augen, und bei wichtigeren Themen beriet er die ganze Versammlung, ohne jemanden direkt zu erwähnen, damit niemand in Verlegenheit geriet und alle die Lektion lernten.

ICH KANN VON UNSEREM PROPHETEN LERNEN (FSAI)

Du kannst die Kunst des öffentlichen Redens von unserem Propheten (FSAI) lernen. Eine der besten Möglichkeiten, deine Redegewandtheit zu verbessern, ist, das Reden zu üben. Je mehr du übst, vor einer Gruppe zu sprechen, desto besser wirst du darin sein. Außerdem kann das Lesen von Büchern deine Redegewandtheit erheblich verbessern. Üben und Lesen werden dir helfen, gute Worte um dich herum zu verbreiten.

BESCHÜTZEND

Eine beschützende Person stellt jemanden oder etwas unter ihren Schutz.

VOM PROPHETEN MOHAMMED (FSAI) GELEBTE ERFAHRUNG

Der Prophet Mohammed (FSAI) war schon als kleiner Junge als al-Amin (der Vertrauenswürdige) bekannt. Die Menschen gaben ihm ihre Wertsachen, damit er sie sicher aufbewahrte. Der Prophet Mohammed (FSAI) bewahrte diese Wertsachen mit ganzem Herzen auf. Selbst als die Ungläubigen ihm während seines Umzuges nach Medina Schaden zufügen wollten, vergaß er niemals jene Dinge, die er beschützen sollte. Viele davon gehörten seinen Feinden, aber anstatt sie zu benutzen, um seine Feinde zu bedrohen, befahl er Ali (RA), zurückzubleiben und alles seinen rechtmäßigen Besitzern zurückzugeben.[18]

ICH KANN VON UNSEREM PROPHETEN LERNEN (FSAI)

Genau wie der Prophet Mohammed (FSAI) solltest du ein aufrichtiger Beschützer sein und dein Bestes geben, das zu beschützen, was dir aufgetragen wurde. Wenn ein Geschwisterkind oder ein Freund dir ein Spielzeug oder ein Buch leiht, solltest du alles dafür tun, es in gutem Zustand zu halten und es nicht zu verlieren. Damit zeigst du anderen, dass du vertrauenswürdig bist.

11

WÜRDEVOLL

Würde zu haben bedeutet,
es wert zu sein, geehrt und
respektiert zu werden.

VOM PROPHETEN MOHAMMED (FSAI) GELEBTE ERFAHRUNG

Der Prophet Mohammed (FSAI) war ein würdevoller Mann. Er hatte feste Prinzipien, von denen er in keiner Situation abwich. Er war ein gerechter und ehrlicher Mann, der niemals gelogen oder mit Vorurteilen gehandelt hat, auch nicht im Krieg. Er stellte klare Regeln für den Kampf auf, zum Beispiel, dass keine älteren Menschen,

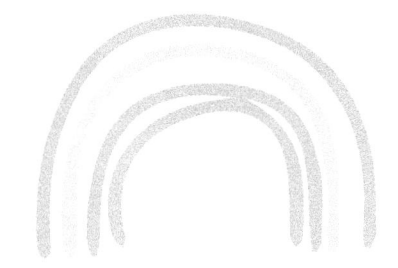

Kinder, Frauen, Vieh, Infrastruktur, Bäume und so weiter verletzt werden durften. Als die Leute aus Medina ihn heimlich trafen, schlugen sie vor, die Mekkaner nachts ohne Vorwarnung anzugreifen. Der Prophet Mohammed (FSAI) lehnte ab und sagte, dass dies nicht seiner Botschaft entspräche.[19]

ICH KANN VON UNSEREM PROPHETEN LERNEN (FSAI)

Du kannst den Schritten unseres Propheten folgen, indem du Würde hast und dich gut benimmst. Du erreichst das, indem du selbstbewusst bist oder gute Werte zeigst, wie zum Beispiel ehrlich und wahrhaftig zu sein. Du kannst diese Lektion auch zu Hause anwenden, indem du deinen Eltern oder Lehrern Respekt entgegenbringst. Wenn du Würde hast, respektierst du dich selbst, woraufhin dich im Gegenzug auch andere respektieren werden.

12

HILFSBEREIT

Hilfsbereit zu sein bedeutet, seine Hilfe anzubieten und sich nützlich zu machen.

VOM PROPHETEN MOHAMMED (FSAI) GELEBTE ERFAHRUNG

Der Prophet Mohammed (FSAI) war immer bereit, anderen auf jede erdenkliche Weise zu helfen. Er half bei der Hausarbeit und anderen Pflichten. Er half den älteren Menschen, indem er ihre Lasten trug. Er half, versklavte Menschen zu befreien, indem er sie finanziell unterstützte. Einmal, während einer Reise, teilten die Gefährten die Aufgaben der Nahrungszubereitung unter sich auf, wie das Schlachten, Häuten und Kochen der Schafe. Der Prophet Mohammed (FSAI) beteiligte sich mt dem Sammeln von Brennholz, weil er helfen wollte.[20]

ICH KANN VON UNSEREM PROPHETEN LERNEN (FSAI)

Wie der Prophet Mohammed (FSAI) sollten wir uns immer um diejenigen kümmern, die Hilfe brauchen. Zögere nie, einem Freund zu helfen, der mit seinen Hausaufgaben zu kämpfen hat, oder wenn deine Eltern bei der Hausarbeit Hilfe brauchen. Hilfsbereitschaft macht die Arbeit für alle leichter und ermutigt andere dazu, auch dir zu helfen, wenn du einmal Hilfe brauchst.

13

EHRLICH

Eine ehrliche Person sagt immer die Wahrheit und man kann ihr vertrauen.

VOM PROPHETEN MOHAMMED (FSAI) GELEBTE ERFAHRUNG

Der Prophet Mohammed (FSAI) war seit seiner Jugend für seine Ehrlichkeit bekannt. Einmal stritten sich die Stämme von Mekka darüber, welchem Stamm die Ehre zuteilwerden sollte, den schwarzen Stein an seinem richtigen Platz in der Kaaba aufzustellen. Sie einigten sich darauf,

Mohammed (FSAI) den Streit schlichten zu lassen, weil sie ihm alle vertrauten.[21] Auch seine Ehrlichkeit im Handel beeindruckte Khadija, eine wohlhabende Geschäftsfrau in Mekka, so sehr, dass sie ihn als ihren Vertreter für eine Handelsexpedition wählte und ihm später einen Heiratsantrag machte.

ICH KANN VON UNSEREM PROPHETEN LERNEN (FSAI)

Du kannst dich in Ehrlichkeit üben, indem du immer die Wahrheit sagst. Du kannst zu deinen Freunden ehrlich sein und ihnen immer über deine Gefühle die Wahrheit sagen, oder deiner Familie deine aufrichtige Meinung sagen. Ehrlichkeit bringt uns näher zu Allah und bringt uns den Respekt und das Vertrauen der Menschen ein.

14

DEMÜTIG

Demütig zu sein
bedeutet, dich nicht
als etwas Besseres
zu sehen als andere
Menschen.

VOM PROPHETEN MOHAMMED (FSAI) GELEBTE ERFAHRUNG

Allah sandte dem Propheten Mohammed (FSAI) einen Engel, der ihn vor die Wahl stellte, entweder ein Diener-Prophet oder ein König-Prophet zu sein. Er (FSAI) holte sich den Rat des Engels Gabriel ein und entschied sich dafür, ein Diener-Prophet zu sein.[22] Infolgedessen lebte er sein ganzes Leben als Diener. Er reparierte seine eigenen Schuhe, flickte seine zerrissene Kleidung und melkte seine Schafe. Er verrichtete alle Arten von Arbeit, darunter das Graben in der Erde während eines Krieges, das Tragen von Ziegeln und Erde für den Bau oder das Putzen und das Sammeln von Brennholz. Er würde sich beim Essen niemals nach hinten lehnen.[23]

ICH KANN VON UNSEREM PROPHETEN LERNEN (FSAI)

Demütig zu sein bedeutet, nicht zu prahlen oder mit Gottes Segen anzugeben. Es ist ein Zeichen von Demut, Anerkennung zu zollen, wo Anerkennung zu zollen ist, und einem Freund zu gut vollbrachten Arbeiten zu gratulieren. Wenn du demütig bist, bist du verantwortungsbewusster und vermeidest es, arrogant zu werden. So ist es dir möglich, anderen mehr Mitgefühl und Empathie entgegenzubringen.

GERECHT

Gerecht zu sein ist die Eigenschaft, im Umgang mit anderen Menschen fair zu bleiben.

VOM PROPHETEN MOHAMMED (FSAI) GELEBTE ERFAHRUNG

Der Prophet Mohammed (FSAI) war ein gerechter Mann. Er traf seine Entscheidungen immer auf der Grundlage der Wahrheit und niemals auf der Grundlage seiner Wünsche oder der Wünsche anderer. Einmal wurde eine edle Dame zu ihm gebracht, die beim Stehlen erwischt worden

war. Da die Dame einen hohen sozialen Status hatte, baten die Leute den Propheten Mohammed (FSAI), ihr gegenüber Nachsicht walten zu lassen. Aber der Prophet (FSAI) sagte, er würde sie genauso behandeln wie jede andere Person. Er sagte sogar, wenn seine Tochter gestohlen hätte, würde er sie genauso bestrafen, weil das gerecht sei.[24]

ICH KANN VON UNSEREM PROPHETEN LERNEN (FSAI)

Alle gleich zu behandeln bedeutet, fair und gerecht zu sein. Wenn zwei Freunde in der Schule dich bitten, eine Situation zu beurteilen oder deine Meinung zu sagen, solltest du mit deiner Antwort gerecht und ehrlich sein. Gerecht zu sein bedeutet, dass du mit deinem Urteil aufrichtig sein solltest. Wenn du gerecht bist, wirst du den Respekt deiner Mitmenschen gewinnen und andere ermutigen, dasselbe zu tun.

SEIN WORT HALTEN

Sein Wort zu halten bedeutet, unsere gegebenen Versprechen einzuhalten.

VOM PROPHETEN MOHAMMED (FSAI) GELEBTE ERFAHRUNG

Der Prophet Mohammed (FSAI) hielt seine Versprechen um jeden Preis. Einmal, während einer Schlacht, kam ein Gefährte zu ihm und sagte, die Quraisch hätten ihn unter der Bedingung freigelassen, dass er nicht gegen sie kämpfen würde. Der Prophet Mohammed (FSAI) befahl ihm, sein Versprechen zu halten und nach Mekka zurückzukehren, auch wenn die muslimische Armee nur klein war.[25] Er hatte den Quraisch versprochen, dass er jeden Muslim zurückschicken würde, der nach Madina käme, nachdem er aus Mekka geflohen war. Er hielt sein Versprechen und schickte einen entlaufenen Gefährten zurück, obwohl es ihn sehr schmerzte.[26]

ICH KANN VON UNSEREM PROPHETEN LERNEN (FSAI)

Allah bricht niemals sein Versprechen und liebt diejenigen, die ihr Wort halten. Das Einhalten eines Versprechens, das du einem Freund gegeben hast, wird das Vertrauen der Menschen in dich stärken, genauso wie es das Vertrauen seiner Feinde in den Propheten Mohammed (FSAI) gestärkt hat.

Das Einhalten eines Versprechens ist die Grundlage für Vertrauen und Respekt. Es führt dazu, dass du zuverlässig bist und persönliche Integrität besitzt. Wenn du tust, was du sagst, und sagst, was du tust, gehst du mit gutem Beispiel voran und wirst ein verlässlicher Mensch.

FREUNDLICH

Freundlich zu sein heißt, großzügig und hilfsbereit zu sein und die Gefühle anderer zu berücksichtigen.

VOM PROPHETEN MOHAMMED (FSAI) GELEBTE ERFAHRUNG

Der Prophet Mohammed (FSAI) sagte: „Allah ist gütig und mag Güte in allen Dingen."[27] Daher war er zu allen freundlich, einschließlich seiner Familie, Verwandten, Kindern, älteren Menschen, Waisen und sogar zu seinen Feinden. Niemals schlug er Kinder, Frauen oder seine Diener oder

erhob seine Stimme gegen sie. Stattdessen sprach er immer sanft mit ihnen. Er half seinen Dienern, umarmte und küsste Kinder und spielte mit seiner Familie. Auch zu den Tieren war er freundlich. Er verbot uns, Tiere zum Vergnügen zu verletzen,[28] und riet uns, selbst beim Schlachten der Tiere freundlich zu ihnen zu sein.[29]

ICH KANN VON UNSEREM PROPHETEN LERNEN (FSAI)

Wir sollten zu jedem freundlich sein, so wie es der Prophet Mohammed (FSAI) war. Wenn dein Freund oder dein Geschwisterkind verletzt wird, zögere nicht, ihn oder sie zu trösten. Sich aufrichtig um andere zu kümmern, wird dein Herz glücklich machen. Sanft und freundlich zu sein, wird dir helfen, gesunde Beziehungen zu anderen zu pflegen. Du solltest auch zu Tieren freundlich sein und ihnen niemals wehtun.

HUMORVOLL

Humorvoll zu sein ist die Eigenschaft, lustig zu sein und Dinge lustig finden zu können.

VOM PROPHETEN MOHAMMED (FSAI) GELEBTE ERFAHRUNG

Der Prophet Mohammed (FSAI) war ein unbeschwerter Mensch. Er wurde immer lächelnd[30] gesehen und liebte es, die Atmosphäre mit Humor fröhlich zu halten. Er sagte sogar, dass es eine Form der Wohltätigkeit sei, seinen Bruder anzulächeln.[31] Einmal kam ein Mann zu ihm und bat ihn um etwas, das er für den Transport von Waren verwenden konnte. Der Prophet Mohammed (FSAI) sagte, er würde ihm ein Kamelbaby geben (als Scherz). Der Mann war verwirrt und sagte, dass niemand ein Kamelbaby für den Transport von Gütern verwenden könne. Der Prophet Mohammed (FSAI) erwiderte: „Jedes Kamel ist immer das Baby eines anderen Kamels."[32]

ICH KANN VON UNSEREM PROPHETEN LERNEN (FSAI)

Wir sollten immer versuchen, Humor in einfachen Dingen zu finden. Ein Sinn für Humor trägt dazu bei, die Atmosphäre leicht zu halten, die Menschen zum Lächeln zu bringen, ihre Stimmung zu heben und die Bindungen zwischen den Menschen zu stärken. Die Fähigkeit, loszulassen und nicht alles so ernst zu nehmen, gehört ebenfalls zum Sinn für Humor. Wenn sich also jemand über dich lustig machen will, lach mit ihm mit. Wenn du gut gelaunt bist, wird auch deine Gesellschaft für andere angenehmer.

BARMHERZIG

Eine barmherzige Person ist zu anderen Menschen freundlich und vergebend.

VOM PROPHETEN MOHAMMED (FSAI) GELEBTE ERFAHRUNG

Allah sagt im Koran: „Und Wir haben dich nicht gesandt [Oh Mohammed], außer als Barmherzigkeit für die Welten."[33] Er war barmherzig zu allen, sogar zu seinen Feinden. Einmal fragte ihn ein Mann: „Ich habe zehn Kinder, und ich habe sie nie geküsst." Der Prophet Mohammed (FSAI) antwortete: „Wer keine Barmherzigkeit

zeigt, wird keine Barmherzigkeit erhalten."[34] Er war so barmherzig, dass er Kinder auf seinem Rücken spielen ließ, selbst wenn er betete. Er warf sich so lange vor ihnen nieder, bis sie zu Ende gespielt hatten.[35] Er behandelte sogar die Kriegsgefangenen mit großer Barmherzigkeit.

ICH KANN VON UNSEREM PROPHETEN LERNEN (FSAI)

Wie unser Prophet (FSAI) sollten wir damit beginnen, zu Hause Barmherzigkeit zu zeigen. Wenn deine Eltern oder deine Geschwister krank sind, solltest du dich um sie kümmern. Wenn dein Freund dich verletzt hat, kannst du Barmherzigkeit zeigen, indem du ihm oder ihr eine zweite Chance gibst. Barmherzig zu sein bedeutet, mit denen, die dich beleidigen, nachsichtig umzugehen. Wenn wir anderen gegenüber Mitgefühl zeigen, besonders wenn wir selbst ungerecht behandelt wurden, wird uns Allahs Barmherzigkeit zuteil, sowohl in dieser Welt als auch im Jenseits. Barmherzig zu sein hilft auch dabei, unsere Beziehungen zu anderen zu stärken.

BESCHEIDEN

Bescheiden zu sein ist die Eigenschaft, nicht mit deinen Fähigkeiten, Errungenschaften oder Eigenschaften anzugeben.

VOM PROPHETEN MOHAMMED (FSAI) GELEBTE ERFAHRUNG

Der Prophet Mohammed (FSAI) war ein bescheidener Mann. Er war sehr erfolgreich in seiner Mission, den Islam zu verbreiten, aber er war nie stolz auf seinen Erfolg und dankte und lobte immer Allah für Seine Hilfe. Er mochte es nicht, wenn man ihn lobte oder ihm eine Sonderbehandlung zukommen ließ, weil er ein Prophet oder ein Führer war.[36] Bei verschiedenen Unternehmungen erlaubte ihm seine Bescheidenheit nicht, wie ein König zu sitzen und sich zu entspannen, während seine Gefährten hart arbeiteten. Stattdessen beteiligte er sich und arbeitete wie alle anderen.

ICH KANN VON UNSEREM PROPHETEN LERNEN (FSAI)

Bescheidenheit ist eine positive Eigenschaft, die jeder Muslim haben sollte. Du kannst Bescheidenheit zeigen, indem du nicht damit prahlst, dass du in der Schule eine gute Note bekommen hast. Kritik zu akzeptieren und zuzugeben, dass du dich manchmal irren kannst, ist ebenfalls ein Beispiel für Bescheidenheit. Es ist besser, nicht mit unseren Fähigkeiten, Errungenschaften oder Eigenschaften anzugeben. Das trägt zu einer gesunden Atmosphäre bei und stärkt unsere Beziehungen zu anderen.

OPTIMISTISCH

Optimistisch zu sein bedeutet, in jeder Situation das Positive sehen zu können.

DU SCHAFFST DAS

FIN

VOM PROPHETEN MOHAMMED (FSAI) GELEBTE ERFAHRUNG

Der Prophet Mohammed (FSAI) war ein unglaublich optimistischer Mensch. Er sah immer das Gute, selbst in den schlimmsten Situationen. Als er nach Ta'if ging, um die Menschen über den Islam zu unterrichten, lehnten ihre Führer ihn ab und schickten Jungen, die ihn verspotteten und mit Steinen bewarfen. Er war verletzt und traurig. Er war jedoch so optimistisch, dass er die feste Überzeugung behielt, dass selbst die Kinder solch verdorbener Menschen eines Tages den Islam annehmen und gute Taten vollbringen würden.[37] Sein Optimismus machte ihn in seiner Mission entschlossen und inspirierte seine Mitmenschen - und schließlich war er mit seiner Mission erfolgreich.

ICH KANN VON UNSEREM PROPHETEN LERNEN (FSAI)

Wir sollten immer optimistisch sein, eine positive Einstellung haben und auf das Beste von Allah hoffen. Wenn du das Gefühl hast, dass du eine schwierige Situation durchmachst, versuche dich auf das Positive zu konzentrieren. Das bedeutet nicht, dass du das Negative vermeiden oder ignorieren solltest; vielmehr geht es darum, das Beste aus einer potenziell schlechten Situation zu machen. Optimismus hilft dir zu akzeptieren, dass die Dinge nicht immer so laufen, wie du es dir wünschst. Er hilft dir außerdem, deine Widerstandsfähigkeit zu stärken. Wenn wir uns auf das Gute in jeder Situation konzentrieren, entwickeln wir Dankbarkeit. Außerdem stärkt es unser Vertrauen in Allah und bewahrt uns vor unnötigen Sorgen.

22

GEDULDIG

Geduldig zu sein ist die Fähigkeit, warten zu können, trotz Schwierigkeiten eine Sache weiterzumachen oder etwas ohne zu jammern durchzustehen.

VOM PROPHETEN MOHAMMED (FSAI) GELEBTE ERFAHRUNG

Der Prophet Muhammad (FSAI) sah sich in seinem Leben mit vielen Schwierigkeiten und Sorgen konfrontiert, war aber jedes Mal ein Musterbeispiel an Geduld. Manchmal musste er hungern, aber er zeigte nie Ungeduld. Er wurde beleidigt, als er den Islam predigte, aber er predigte geduldig weiter. Er verlor früh seine Eltern und dann seine Frau Khadija, aber er blieb immer geduldig und beklagte sich nie. Als sein Sohn Ibrahim starb, war der Prophet Mohammed (FSAI) verzweifelt, aber er sagte: „Auch wenn das Herz traurig ist und die Augen tränen, werden wir nichts sagen, was Allah missfällt."[38] Er beklagte sich nie über irgendetwas und dankte Allah immer für seinen Segen.

ICH KANN VON UNSEREM PROPHETEN LERNEN (FSAI)

Auch du kannst geduldig sein und dem Beispiel unseres Propheten (FSAI) folgen. In der Schlange zu warten, bis du an der Reihe bist, ohne sauer zu werden, oder darauf zu warten, bis deine Eltern oder jemand anderer zu Ende gesprochen haben, wenn du selbst etwas zu sagen hast, sind einfache Beispiele dafür, Geduld zu zeigen. Geduld wird dich stärker machen. Sie hilft dir, nicht wütend oder besorgt zu werden, wenn du lange auf etwas warten musst oder wenn du Schwierigkeiten hast, eine Aufgabe oder ein Projekt zu erledigen. Wenn du dich in Geduld übst, stärkst du dein Selbstvertrauen und deine Entschlusskraft.

23

FRIEDLIEBEND

Eine friedliebende Person möchte so leben und handeln, dass sie ohne Gewalt Frieden stiften kann.

VOM PROPHETEN MOHAMMED (FSAI) GELEBTE ERFAHRUNG

Der Prophet Mohammed (FSAI) liebte Frieden. Er versuchte immer, Streit und Auseinandersetzungen zu vermeiden, indem er jedem gegenüber nachsichtig und sanft war. Er befahl auch seinen Gefährten, in jeder Situation ruhig und friedlich zu bleiben. Als die Quraisch

ihm den Vertrag von Hudaibiya zur Unterschrift vorlegten, stimmte er freudig zu, obwohl der Vertrag viele ungerechte Punkte für die Muslime enthielt. Er unterzeichnete den Vertrag nur, um den Frieden zwischen den Muslimen und den Ungläubigen zu wahren und Blutvergießen zu vermeiden.[39]

ICH KANN VON UNSEREM PROPHETEN LERNEN (FSAI)

Du kannst bereits im eigenen Zuhause oder in der Schule ein friedliebender Mensch sein. Wenn du deine Gefühle mitteilst, anstatt dich mit deinem Freund oder Geschwisterkind zu streiten, und wenn du der Erste bist, der eine Situation beruhigt, bedeutet das, dass du den Frieden suchst. Wenn du den Frieden bewahrst und dich gegen Gewalt stellst, kannst du ein ruhiges und glückliches Leben führen.

24

BEHARRLICH

Beharrlich zu sein bedeutet, mit einer Sache trotz Schwierigkeiten weiterzumachen.

VOM PROPHETEN MOHAMMED (FSAI) GELEBTE ERFAHRUNG

Das Volk der Quraisch widersetzte sich dem Propheten Mohammed (FSAI) und tat alles, um ihn daran zu hindern, die Botschaft Allahs zu verbreiten. Sie beschimpften ihn körperlich und verbal. Sie nannten ihn verrückt, einen Zauberer und Dichter, und sie beschuldigten ihn, seine Vorfahren zu verleumden. Sie boykottierten ihn und seine Anhänger drei Jahre lang, was ihn in große Armut stürzte. Sie zwangen ihn, nach Medina auszuwandern. Sie versuchten sogar, ihn zu töten. Trotz alledem fuhr der Prophet Mohammed (FSAI) fort, den Islam zu verbreiten, ohne auch nur einen Moment lang aufzugeben.[40]

ICH KANN VON UNSEREM PROPHETEN LERNEN (FSAI)

Beharrlichkeit verhilft dir zum Erfolg. Wenn du bei den Hausaufgaben oder bei der Vorbereitung auf eine Prüfung mit Schwierigkeiten konfrontiert wirst, kannst du beharrlich sein, indem du dich konzentrierst, weiter hart arbeitest und dich nicht entmutigen lässt. Wenn du an einem Sportwettbewerb teilnimmst und trotz Schwierigkeiten Tag für Tag weiter trainierst, bist du beharrlich. Mit Beharrlichkeit kannst du alles erreichen, genauso wie der Prophet Mohammed (FSAI).

25

VERANTWORTUNGSBEWUSST

Verantwortungsbewusst
zu sein bedeutet, unsere
Verpflichtungen einzuhalten
und die Folgen unserer Taten
zu akzeptieren.

VOM PROPHETEN MOHAMMED (FSAI) GELEBTE ERFAHRUNG

Der Prophet Mohammed (FSAI) nahm seine Verantwortungen sehr ernst. Er war dafür verantwortlich, allen Menschen den Islam zu predigen, und tat dies voller Ernsthaftigkeit. Er sagte, dass jeder von uns für das verantwortlich sei, was in seiner Obhut ist (Familie, Vieh, materielle Güter).[41] Er sagte auch, dass die beste Wohltätigkeit damit beginne, sich um diejenigen zu kümmern,

für die wir verantwortlich sind.[42] Er pflegte jede seiner Frauen täglich zu besuchen, um sicherzustellen, dass es ihnen gut ging.[43] Als Führungspersönlichkeit akzeptierte er die Verantwortung seiner Anhänger für ihre religiösen und weltlichen Angelegenheiten. Er fühlte sich sogar für die Familien derjenigen verantwortlich, die in Armut starben.[44]

ICH KANN VON UNSEREM PROPHETEN LERNEN (FSAI)

Verantwortungsbewusst zu sein bedeutet, dass du tust, was du tun sollst. Du bist zum Beispiel dafür verantwortlich, dass du dich morgens pünktlich für die Schule fertig machst oder bei bestimmten Aufgaben im Haushalt hilfst. Wenn du Verantwortung trägst, lernst du, mit deiner Zeit umzugehen, dich selbst zu disziplinieren und Mitgefühl zu zeigen. Es wird dir dabei helfen, erfolgreich zu sein und positive Beziehungen zu entwickeln.

SELBSTAUFOPFERND

Eine selbstaufopfernde Person gibt ihre eigenen Wünsche auf, damit andere ihre Wünsche erfüllen können.

VOM PROPHETEN MOHAMMED (FSAI) GELEBTE ERFAHRUNG

Der Prophet Mohammed (FSAI) war ein selbstloser Mensch. Sein Leben drehte sich darum, Allah zu verehren und seinen Anhängern zu dienen. Er opferte seine eigenen Bedürfnisse, um andere glücklich zu machen. Er brachte große Opfer, um den Islam zu lehren. Sein Volk verließ ihn und boykottierte ihn. Er verließ Mekka und wanderte nach Medina aus, um andere zum Islam zu führen. Er opferte auch großen Reichtum und Macht, die ihm von den Quraisch angeboten wurden; auf diese Weise konnte er weiter den Islam predigen. Er sagte, er würde den Islam bis zum Tod lehren, selbst wenn die Quraisch ihm die Sonne und den Mond böten.[45]

ICH KANN VON UNSEREM PROPHETEN LERNEN (FSAI)

Selbstaufopferung ist eine der schönsten Eigenschaften unseres Propheten (FSAI). Du kannst seinen Schritten folgen, indem du darauf achtest, wie du Menschen in Not helfen kannst. Wenn du zum Beispiel eines deiner Lieblingsspielzeuge oder dein Taschengeld an einen Bedürftigen verschenkst, anstatt dir selbst ein paar Leckereien zu kaufen, bist du selbstaufopfernd.

27
LEBE IN EINFACHHEIT

In Einfachheit zu leben bedeutet, für die kleinen Dinge im Leben dankbar zu sein und nicht immer um mehr zu bitten.

Sei dankbar und genieße die kleinen Dinge

VOM PROPHETEN MOHAMMED (FSAI) GELEBTE ERFAHRUNG

Der Prophet Mohammed (FSAI) lebte ein einfaches Leben. Er aß einfaches Essen, wie Gerstenbrot[46], trug einfache Kleidung und schlief auf einem einfachen Bett aus Palmfasern. Sein Haus war so schlicht und einfach, dass Umar (RA) weinte, als er es sah, und sagte, dass die Könige von Rom und Persien ein luxuriöses Leben führten.

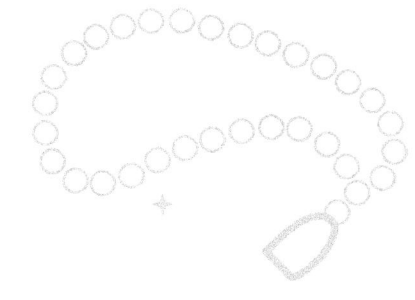

Umar (RA) sagte, dass Prophet Mohammed (FSAI) besser sei als sie, also sollte er ein besseres Haus haben. Aber der Prophet Muhammad (PBSL) sagte ihm, dass er die Akhira dieser Dounia vorzieht.[47] Er nannte sich selbst einen Reisenden in dieser Welt und hatte daher kein Interesse an ihrem Luxus.[48]

ICH KANN VON UNSEREM PROPHETEN LERNEN (FSAI)

Ein einfaches Leben zu führen, wie unser Prophet (FSAI), hilft uns, weniger an materiellen Dingen zu hängen. Du brauchst nicht alles zu kaufen, was deine Freunde gekauft haben. Du musst nicht noch mehr Kleidung oder Schuhe kaufen, wenn du schon genug hast. Wenn du schätzt, was du hast, und nicht immer nach mehr verlangst, wird dein Herz sich weniger sorgen, dein Glück wird sich steigern und du wirst dich dankbarer fühlen.

WAHRHAFTIG

Wahrhaftig zu sein bedeutet ehrlich zu sein und immer die Wahrheit zu sagen.

VOM PROPHETEN MOHAMMED (FSAI) GELEBTE ERFAHRUNG

Der Prophet Mohammed (FSAI) hat nie gelogen, auch nicht im Scherz. Die Quraisch nannten ihn schon vor seinem Prophetentum As-Saadiq, was „der Wahrhaftige" bedeutet. Als Allah ihm befahl, den Islam öffentlich zu lehren, versammelte er das ganze Volk der Quraisch und fragte sie: „Würdet ihr mir glauben, wenn ich euch sage, dass eine Karawane euch angreifen wird?" Sie sagten alle, dass sie Mohammed (FSAI) noch nie hatten lügen hören, und vertrauten ihm vollkommen.[49] Sie wussten, dass Mohammed (FSAI) die Wahrheit über den Islam sagte, aber sie lehnten ihn aus politischen Gründen ab.[50]

ICH KANN VON UNSEREM PROPHETEN LERNEN (FSAI)

Allah verbietet uns die Lüge. Zu lügen, unehrlich zu sein oder zu betrügen, kann Schuldgefühle und Ängste hervorrufen. Sag immer die Wahrheit, egal was passiert, hab positive Absichten, lass deine Taten mit deinen Worten übereinstimmen und sei aufrichtig in deinen Reaktionen. Wahrhaftigkeit hilft uns, Allahs Liebe und das Vertrauen und den Respekt der Menschen zu gewinnen.

SAUBERKEIT SCHÄTZEN

Sauberkeit zu schätzen bedeutet, dich gut um deine Hygiene zu kümmern.

VOM PROPHETEN MOHAMMED (FSAI) GELEBTE ERFAHRUNG

Der Prophet Mohammed (FSAI) führte ein außergewöhnlich sauberes und ordentliches Leben. Er sagte: „Sauberkeit ist die Hälfte des Glaubens." Er ölte und kämmte sein Haar und benutzte Parfüm, damit er immer angenehm roch.[51] Er wusch sich immer, um Keime zu vermeiden und im Zustand der Wudhu zu bleiben. Er pustete oder atmete niemals in einen Becher,

während er trank, denn dadurch würden Keime in den Becher gelangen.[52] Vor jedem Gebet reinigte er seine Zähne mit einem Siwak. Er trimmte seine Nägel, entfernte unerwünschte Körperbehaarung und stutzte jede Woche seinen Schnurrbart,[53] weil diese Dinge viele Keime enthalten können.

ICH KANN VON UNSEREM PROPHETEN LERNEN (FSAI)

Wenn du dich um deine persönliche Hygiene kümmerst, bleibst du gesund. Wenn du zum Beispiel regelmäßig duschst, dir nach der Schule und vor dem Essen die Hände wäschst und dir regelmäßig die Zähne putzt, vor allem vor dem Schlafengehen, kümmerst du dich um deine Hygiene. Wenn du sauber bist und deine Umgebung sauber hältst, indem du Unordnung vermeidest, wirst du dich gut fühlen. Auch andere werden es zu schätzen wissen, in deiner Nähe zu sein, so wie jeder es liebte, neben unserem Propheten (FSAI) zu sitzen.

30

GUTE MANIEREN

Gute Manieren zu haben bedeutet, dich angenehm und höflich zu verhalten.

VOM PROPHETEN MOHAMMED (FSAI) GELEBTE ERFAHRUNG

Der Prophet Mohammed (FSAI) war ein Mann mit guten Manieren. Er grüßte seine Mitmenschen immer und erkundigte sich nach ihrem Wohlbefinden und dem ihrer Angehörigen. Er sprach leise und sanft. Er erhob niemals seine Stimme oder benutzte Schimpfwörter, selbst wenn ihn jemand beleidigte. Er grüßte seine Gäste freundlich. Er ließ andere zu Wort kommen und hörte ihnen aufmerksam zu. Einmal begann in einer Gruppe von Menschen ein junger Mann zu sprechen. Der Prophet Mohammed (FSAI) unterbrach ihn mit den Worten: „Der Älteste wird zuerst sprechen."[54]

ICH KANN VON UNSEREM PROPHETEN LERNEN (FSAI)

Wenn du dich gut benimmst, wird deine Gesellschaft angenehm sein, so wie die Gesellschaft unseres Propheten (FSAI) für jeden angenehm war. Wenn du zum Beispiel Familienmitglieder zu Besuch hast, versuche ihre Anwesenheit zu genießen und vermeide es, elektronische Geräte zu benutzen oder Videospiele zu spielen. Heiße sie stattdessen willkommen, sei präsent, rede mit ihnen, spiele mit ihnen und nimm dir die Zeit, dich von ihnen zu verabschieden, wenn sie gehen. Gute Manieren zu haben wird dazu beitragen, Liebe um dich herum zu verbreiten, und dir dabei helfen, ein besserer Mensch zu werden.

Wir hoffen sehr, dass Ihnen dieses Buch gefallen hat.

Wenn Sie glauben, dass wir unseren Inhalt weiter verbessern können, können Sie uns gerne kontaktieren unter:

info@goodheartedbooks.com

Ansonsten würden wir uns freuen, wenn Sie dieses Buch bewerten und Ihre Rezension teilen würden.

Vielen Dank!

REFERENZEN

[1] Sahih al-Bukhari 1742 (Buch 25, Hadith 220)
[2] Sunan Ibn Majah 425 (Buch 1, Hadith 159)
[3] Sahih al-Bukhari 6012 (Buch 78, Hadith 43)
[4] Sahih al-Bukhari 2910 (Buch 56, Hadith 123)
[5] Sahih al-Bukhari 3149 (Buch 57, Hadith 57)
[6] Sahih al-Bukhari 3922 (Buch 63, Hadith 147)
[7] Sunan an-Nasa'i 825 (Buch 10, Hadith 49)
[8] Sahih al-Bukhari 6125 (Buch 78, Hadith 152)
[9] Sunan Ibn Majah 2248 (Buch 12, Hadith 112)
[10] Masnad Ahmed 4568 (Buch 75, Hadith 4568)
[11] Sahih Bukhari 603 (Buch 10, Hadith 1)
[12] al-Sunan al-Kubrá 18275
[13] Sahih Bukhari 1277 (Buch 23, Hadith 38)
[14] Sahih Muslim 2312a (Buch 43, Hadith 78)
[15] Mishkat al-Masabih 146 (Buch 1, Hadith 139)
[16] Sahih al-Bukhari 6307 (Buch 80, Hadith 4)
[17] Jami' at-Tirmidhi 3640 (Buch 49, Hadith 36)
[18] al-Sunan al-Kubrá (12477) und Ibn Katheer
ibn al-Bidâya wan-Nihâya (3/218-219)
[19] How the Prophet Muhammad (PBUH) Rose above
Enmity and Insult (Yaqeen institute)
[20] Zarqani vol.4 pg. 306
[21] Ar-Raheeq Al-Makhtum
[22] Related by al-Baghawee in Sharhus-Sunnah (no.
4683)
[23] Sunan Abi Dawud 3769 (Buch 28, Hadith 34)
[24] Sahih al-Bukhari 3475 (Buch 60, Hadith 142)
[25] Sahih Muslim 1787 (Buch 32, Hadith 121)
[26] al-Jāmi' fī al-Sīra al-Nabawiyya. 6 vols.
[27] Sunan Ibn Majah 3689 (Buch 33, Hadith 33)
[28] Sahih al-Bukhari 5479 (Buch 72, Hadith 5)
[29] Riyad as-Salihin 639
[30] Jami' at-Tirmidhi 3641 (Buch 49, Hadith 37)
[31] Jami' at-Tirmidhi 1956 (Buch 27, Hadith 62)
[32] Sunan Abi Dawud 4998 (Buch 43, Hadith 226)
[33] Coran, al-Anbiya' 21:107
[34] Sahih Muslim 2318a (Buch 43, Hadith 86)

[35] Sunan an-Nasa'i 1141 (Buch 12, Hadith 113)
[36] Sahih al-Bukhari 3445 (Buch 60, Hadith 115)
[37] Ar-Raheeq Al-Makhtum
[38] Sahih al-Bukhari 1303 (Buch 23, Hadith 61)
[39] Sahih Bukhari 2698, 2700 (Buch 53, Hadith 8, 10)
[40] Ar-Raheeq Al-Makhtum
[41] Sahih al-Bukhari 2554 (Buch 49, Hadith 37)
[42] Sunan an-Nasa'i 2544 (Buch 23, Hadith 110)
[43] Sahih al-Bukhari 284 (Buch 5, Hadith 36)
[44] Jami' at-Tirmidhi 2090 (Buch 29, Hadith 1)
[45] Ar-Raheeq Al-Makhtum
[46] Jami' at-Tirmidhi 2360 (Buch 36, Hadith 57)
[47] Sahih Muslim 1479e (Buch 18, Hadith 44)
[48] Sahih al-Bukhari 6416 (Buch 81, Hadith 5)
[49] Ar-Raheeq Al-Makhtum
[50] Ar-Raheeq Al-Makhtum
[51] Jami' at-Tirmidhi 2789 (Buch 43, Hadith 62)
[52] Mishkat al-Masabih 4279 (Buch 21, Hadith 115)
[53] Al-Adab Al-Mufrad Buch 53: Kitab il-khitan (Buch 1,
Hadith 14)
[54] Sahih al-Bukhari 7192 (Buch 93, Hadith 54)